Impressum
Verlag: BABADADA GmbH, Nedderfeld 112 , 22529 Hamburg
Geschäftsführer / Verlagsleitung: Harald Hof
Druck: Books on Demand GmbH, In de Tarpen 42, 22848 Norderstedt

Imprint
Publisher: BABADADA GmbH, Nedderfeld 112 , 22529 Hamburg, Germany
Managing Director / Publishing direction: Harald Hof
Print: Books on Demand GmbH, In de Tarpen 42, 22848 Norderstedt, Germany

sekolo

դպրոց

phaphosi borutelo
մատյան
kgaoganya
բաժանել
186/2
boroto
գրատախտա
կ
morutabana
ուսուցիչ
jarata ya sekolo
խաղադաշտ
pampiri
թուղթ
kwala
գրել
pene
գրիչ
tafole
գրասեղան
ruler
քանոն
buka
գիրք
baithu
աշակե

kgetsana ya dibuka

պայուսակ

setsenya dipensele

գրչատուփ

pensele

մատիտ

seseta pensele

մատիտի սրիչ

sephimola

ռետին

bukantswe ya ditshwantsho

պատկերազարդ բառարան

boto ya go torowa

նկարչական ալբոմ

torowa

նկարչություն

boratšhe jwa pente

վրձին

bokose ya pente

ներկերի տուփ

dikere

մկրատ

sekgomaretsi

սոսինձ

buka ya go kwalela

տետր

tirogae

Տնային աշխատանք

palo

թիվ

tlhakanya

գումարել

kgaoganya

հանել

atisa

բազմապատկել

khalkhuleitara

հաշվել

A

lekwalo

տառ

ABCDEFG
HIJKLMN
OPQRSTU
VWXYZ

alfabete

այբուբեն

lefoko

բառ

mafoko

տեքստ

bala

կարդալ

choko

կավիճ

thuto

դաս

rejistara

մատյան

tlhatlhobo

քննություն

setifikeiti

վկայական

diaparo tsa sekolo

դպրոցական համազգեստ

thuto

կրթություն

encyclopedia

հանրագիտարան

unibesithi

համալսարան

mikoroskoupo

մանրադիտակ

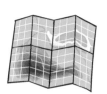

mmepe

քարտեզ

moteme wa dipampiri

աղբարկղ

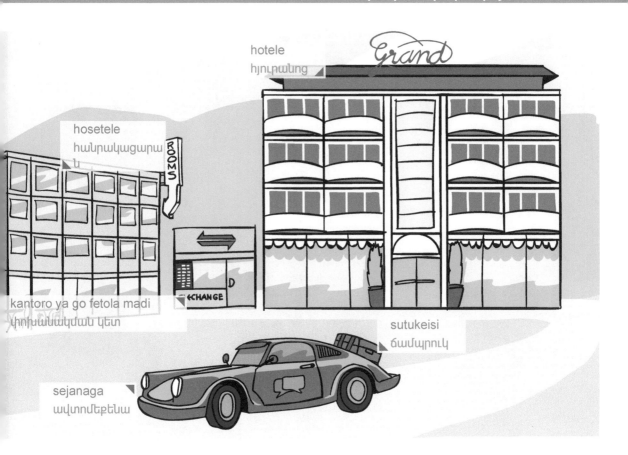

hotele
հյուրանոց
hosetele
հանրակացարա
ն
kantoro ya go fetola madi
փոխանակման կետ
sutukeisi
ճամպրուկ
sejanaga
ավտոմեքենա

puo

լեզու

ee / nnyaa

այո / ոչ

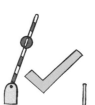

Go siame

Լավ

dumela

ողջույն

moranodi

թարգմանիչ

Ke a leboga

Շնորհակալություն

ke bokae…?

Որքա՞ն է …?

ga ke tlhaloganye

Ես չեմ հասկանում

bothata

խնդիր

O itumelele bosigo!

Բարի երեկո

Dumela!

Բարի լույս

Robala Sentle!

Բարի երեկո

tsamaya sentle

ցտեսություն

tsela

ուղղություն

dithoto

ուղղեբեռ

kgetsi

պայուսակ

kgetsi

մեջքի պայուսակ

moeng

հյուր

phaposi

սենյակ

kgetsana ya go robalela

քնապարկ

mogope

վրան

edimosetso ya mojanala

Զբոսաշրջության տեղեկատվական

lewatle

լողափ

karata ya go tsaya sekoloto

ԿՐԵԴԻՏ քարտ

sefitlholo

Նախաճաշ

dijo tsa motshegare

լանչ

dijo tsa maitsiboa

ճաշ

tekete

տոմս

lifiti

վերելակ

setempe

կնիք

bodara

սահման

dingwao

մաքսային

embassy

դեսպանություն

visa

Մուտքի արտոնագիր

lokwalo itshupo

անձնագիր

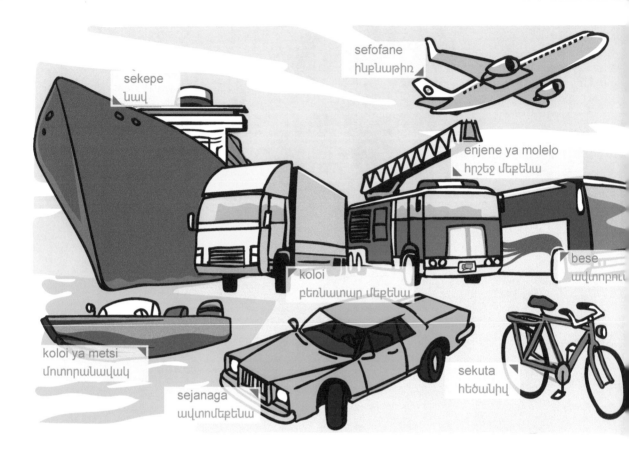

sepalangwa

Փոխադրամիջոցներ

sefofane
ինքնաթիռ
sekepe
նավ
enjene ya molelo
հրշեջ մեքենա
koloi
բեռնատար մեքենա
bese
ավտոբու
koloi ya metsi
մոտորանավակ
sekuta
հեծանիվ
sejanaga
ավտոմեքենա

feri

լաստանավ

sekepe

նավակ

sethuthuthu

մոտոցիկլ

sejanaga sa mapodisa

ոստիկանության մեքենա

sejanaga sa lobelo

մրցարշավային մեքենա

sejanaga se se hirilweng

վարձակալվող մեքենա

aroganya sejanaga

ːքենայի վարձակալում

koloi e e gogang dikoloi tse di robegileng

էվակուատոր

koloi e e tsayang matlakala

աղբահանության մեքենա

koloi

շարժիչ

lookwane

վառելիք

seteišhene sa lookwane

բենզալցակայան

etshwao la pharakano

երթևեկության նշան

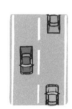

pharakano

երթևեկություն

pharakano

խցանում

efelo la go emisa koloi

ավտոկանգառ

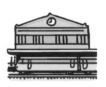

seteišhene sa terena

երկաթուղային կայարան

mela

երկաթուղագիծ

terena

գնացք

tereme

տրամվայ

kolotsana

վագոն

sefofane

ուղղաթիռ

boemeladifofane

օդանավակայան

tora

աշտարակ

mopalami

ուղեւոր

sekhafothini

աման

bokoso

խավաքարտ

karaki

սայլ

basekete

զամբյուղ

go tsamaya / go fitlha

հանեք / հողատարածք

toropo

քաղաք

motse

գյուղ

legare la teropo

քաղաքի կենտրոնում

ntlo

տուն

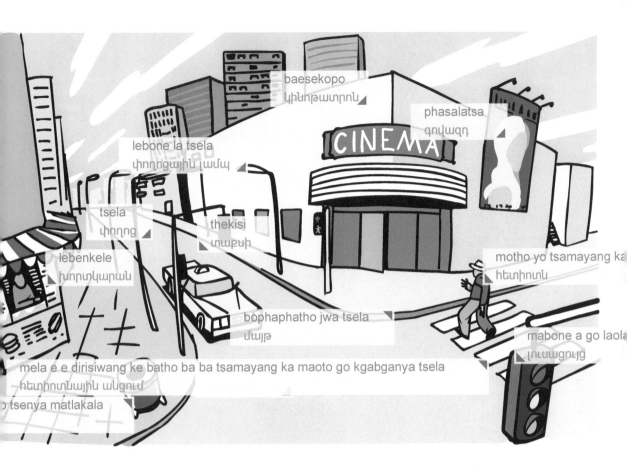

baesekopo
կինոթատրոն

phasalatsa
ցուցադ

lebone la tsela
փողոցային լամպ

tsela
փողոց

thekisi
տաքսի

lebenkele
խորտկարան

motho yo tsamayang ka
հետիոտն

bophaphatho jwa tsela
մայթ

mabone a go laola
լուսացույց

mela e e dirisiwang ke batho ba ba tsamayang ka maoto go kgabganya tsela
հետիոտնային անցում

tsenya matlakala

e e ruletseng ka bojang
....
խրճիթ

sephara
....
բնակարան

seteišhene sa terena
....
երկաթուղային կայարան

tlolehalahala la toropo
....
քաղաքապետարան

museamo
....
թանգարան

sekolo
....
դպրոց

unibesithi

համալսարան

banka

բանկ

sepetlele

հիվանդանոց

hotele

հյուրանոց

lefelo la melemo

դեղատուն

kantoro

գրասենյակ

lebenkele la dibuka

գրքույկ խանութ

lebenkele

խանութ

batho ba ba rekisang malomo

ծաղկի խանութ

lebenkele

սուպերմարկետ

maraka

շուկա

lebenkele la diaparo

հանրախանութ

fishmongers

ձկան խանութ

moago wa mabenkele a a mantsi

առեւտրի կենտրոն

boema dikepe

նավահանգիստ

serapa

զբոսայգի

banka

բանկերը

borogo

կամուրջ

ditepisi

աստիճաններ

kwa tlase ga lefatshe

մետրո

kgogometso

թունել

boemela bese

ավտոբուսի կանգառ

bara

բար

lefelo la go jela

ռեստորան

lebokose la pose

փոստարկղ

letshwao la tsela

փողոցային նշան

mitara wa go emisa koloi

ավտոկայանման հաշվիչ

lefelo la go bonela diphologolo

նդանաբանական այգի

letlodi la go thuma

լողավազան

tempele ya mamoselema

մզկիթ

polase

ֆերմա

kgotlelelo

աղտոտման

mabitla

գերեզմանոց

kereke

եկեղեցի

lefelo la go tshamekela

խաղահրապարակ

temple

տաճար

boago jwa lefelo

բնապատկեր

mokgatšha

հովիտ

thatshana

բլուր

lekadiba

լիճ

sekgwa

անտառ

sekaka

անապատ

lekgwamolelo

հրաբուխ

khasele

ամրոց

motshe wa badimo

ծիածան

leboa

սունկ

mokolana

արմավենու ծառ

montsane

մժեղ

tshenekegi

թռչել

tshoswane

մրջյուն

notshi

մեղու

segokgo

սարդ

khukhwana

բզեզ

segwagwa

գորտ

mosha

սկյուռ

noko

ոզնի

mmutla

նապաստակ

morubisi

բու

nonyane

թռչուն

pidipidi

կարապ

dikolobe tsa naga

վարազ

kgokong

եղջերու

moose

իշայծյամ

letamo

պատնեշ

sefetlhaphefo

քամին տուրբինների

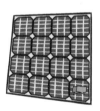

motlakase o o dirilweng ka letsatsi

արեւային վահանակ

loapi

կլիմա

lefelo la go jela

ռեստորան

weitara
մատուցող
lenaane la dijo
մենյու
setulo
աթոռ
sopo
ապուր
pizza
պիցցա
fatuku ya tafole
սփռոց
dintsho
սպասք

sejo sa ntlha

ստարտեր

sejo sa bobedi

հիմնական կերակուր

dijo tse di naleng sukiri

դեսերտ

dino

օրական

dijo

սնունդ

botlolo

շիշ

dijo tsa mo strateng

արագ սնունդ

dijo tsa seterata

streetfood

ketlele ya tee

թեյնիկ

sejana sa go tsenya sukiri

շաքարաման

karolo

բաժին

motšhini wa espresso

էսպրեսսո մեքենա

setulo se se kwa godimo

մանկական աթոռ

tshupamolato

օրինագիծ

terei

սկուտեղ

thipa

դանակ

forotlho

պատառաքաղ

liso

գդալ

leswana

թեյի գդալ

lesela la go iphimola

անձեռոցիկ

galase

ապակի

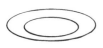

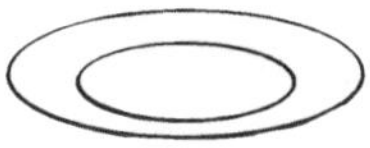

poleiti
....
ափսե

poleiti ya sopo
....
խոր ափսե

sosara
....
պնակ

sopo
....
սոուս

sejana sa letswai
....
աղաման

sesila pepere
....
պղպեղի աղաց

aseini
....
քացախ

oli
....
ձեթ

ditswaiso
....
համեմունքներ

tamati souso
....
կետչուպ

masetete
....
մանանեխ

mayonaese
....
մայոնեզ

lebenkele

սուպերմարկետ

sesolo se se kgethegileng
հատուկ առաջարկ

moreki
հաճախորդ

dilwana tsa mašwi
Dairy

FOR

teroii
գնումների սայլակ

leungo
միրգ

batho ba ba segang nama

Մսամթերքի խանութ

babaki

հացամթերքի խանութ

boima

կշռել

merogo

բանջարեղեն

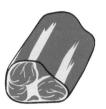

nama

միս

dijo tse di aesitsweng

սառեցված սննդամթերքի

ma e e sa tlhokeng go apewa
երշիկեղեն

dijo tsa thini
պահածոների

molora o o tlhatswang
լվացքի փոշի

dimonamone
քաղցրավենիք

dilwana tsa ntlo
տնտեսական ապրանքներ

dilwana tsa go phepafatsa
մաքրող միջոցներ

morekisi
վաճառող

motšhini wa madi
դրամարկղ

morekisi
գանձապահ

lennane la go reka
գնումների ցուցակ

diura tsa go bula
ժամերը

sepatšhe
դրամապանակ

ata ya go tsaya sekoloto
ԿՐԵԴԻՏ քարտ

kgetsi
պայուսակ

kgetsi ya polasetiki
պլաստիկ տոպրակ

dino

օրական

metsi

ջուր

jusi

հյութ

maświ

կաթ

khouku

կոլա

beine

գինի

biri

գարեջուր

bojalwa

սպիրտ

khoukhou

կակաո

tee

թեյ

kofi

սուրճ

esepereso

էսպրեսսո

cappuccino

կապուչինո

panana

բանան

apole

խնձոր

namune

նարնջի

legapu

սեխ

surunamune

կիտրոն

segwete

գազար

konofole

սխտոր

lotlhaka lwa bampuse

բամբուկ

eie

սոխ

mabowa

սունկ

manoko

ընկուզեղեն

di-noodles

արիշտա

sepagethi

սպագետտի

raese

բրինձ

salate

աղցան

ditšhipisi

չիպս

ditapole tse di gadikilweng

տապակած կարտոֆիլ

pizza

պիցցա

hamburger

համբուրգեր

borotho jo bo tlapisitsweng

սենդվիչ

nama e e gadikilweng

կոտլետ

nama ya kolobe

խոզապուխտ

salami

սալյամի

boroso

երշիկ

koko

հավ

gadika

խորոված

tlhapi

ձուկ

bogobe jwa outse

վարսակի փաթիլներ

muesli

մյուսլի

cornflakes

եգիպտացորենի փաթիլներ

bupi

ալյուր

croissante

կրուասան

banse

բուլկի

borotho

հաց

borotho jo bo besitsweng

տոստ

bisikiti

թխվածքաբլիթներ

botoro

կարագ

tšhisi

կաթնաշոռ

kuku

տորթ

lee

ձու

lee le lē gadikilweng

տապակած ձու

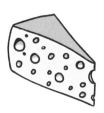

kase

պանիր

aesekirimi

պաղպաղակ

sukiri

շաքար

mamepe a dinotshe

մեղր

jeme

ջեմ

chokolete e e tshasiwang

նուգա սերուցք

khari

կարրի

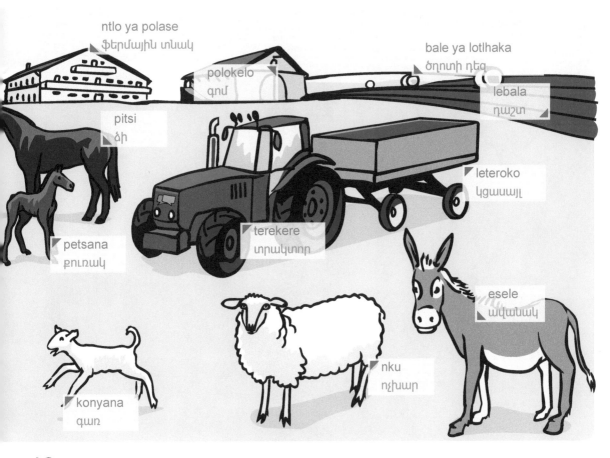

polase
ֆերմա

ntlo ya polase
ֆերմային տնակ
bale ya lotlhaka
ծղոտի դեզ
polokelo
գոմ
lebala
դաշտ
pitsi
ձի
leteroko
կցասայլ
terekere
տրակտոր
petsana
քուռակ
esele
ավանակ
nku
ոչխար
konyana
գառ

pudi
....
այծ

kgomo
....
կով

namane
....
հորթ

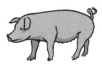

kolobe
....
խոզ

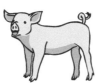

kolojane
....
խոճկոր

poo
....
ցուլ

ganse

սագ

pidipidi

բադ

kokwanyana

ճուտ

mokoko

հավ

mokoko

աքլոր

peba

առնետ

katse

կատու

peba

մուկ

kgomo

ցուլ

ntša

շուն

ntlo ya ntša

շան բուն

lethompo la tshingwana

այգու փողրակ

tanka ya go nosetsa

watering կարող է

disekele tsa tshipi

գերանդի

lema

գութան

disekele

մանգաղ

setlhagola

թոխր

foroko ya go peta

եղան

selepe

կացին

kiribae

միանիվ ձեռնասայլակ

bonwelo

կերակրատաշտ

mašwi a a moteng ga moteme

կաթի բիդոն

kgetsana

պարկ

legora

ցանկապատ

tsepame

կայուն

lefelo la go godisa dijalo

ջերմոց

mmu

հող

peo

սերմ

menyoro

պարարտանյութ

thobo e e kopaneng

բերքահավաք կոմբայն

thobo

բերք

thobo

բերք

di-yam

յամս

korong

ցորեն

soya

սոյա

tapole

կարտոֆիլ

korong

եգիպտացորեն

disonobolomo

rapeseed

setlhare sa maungo

մրգային ծառ

cassava

manioc

dijo tsa phakela

շիլաներ

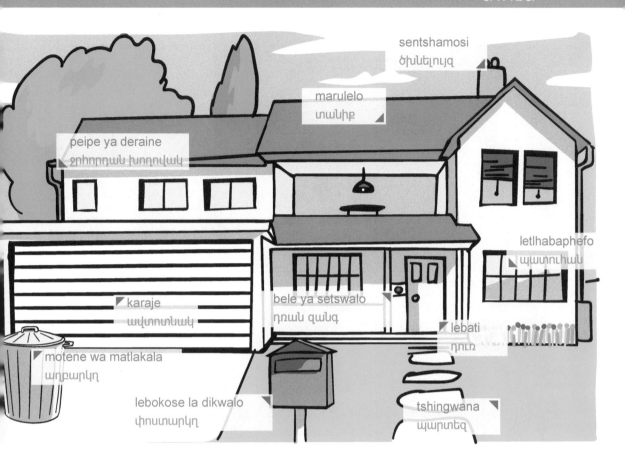

ntlo
տուն

sentshamosi
ծխնելույզ
marulelo
տանիք
peipe ya deraine
ջրհորդան խողովակ
letlhabaphefo
պատուհան
karaje
ավտոտնակ
bele ya setswalo
դռան զանգ
lebati
դուռ
motene wa matlakala
աղբարկղ
lebokose la dikwalo
փոստարկղ
tshingwana
պարտեզ

phaposi ya bodulo

հյուրասենյակ

phaposi ya go tlhapela

լողասենյակ

boapeelo

խոհանոց

phaposi ya borobalo

ննջարան

phaposi ya bana

մանկական սենյակ

phaposi ya bojelo

ճաշասենյակ

mo fatshe

հարկ

lebota

պատ

siling

առաստաղ

mabolokelo

նկուղ

se futhumatsa mmele

շոգեբաղնիք

mokatako

պատշգամբ

mokgekolosa

պատշգամբ

makadiba

ավազան

sedirisiwa sa go sega bojang

խոտհնձիչ

lakane

թերթ

kobo

անկողնու ծածկոց

bolao

մահճակալ

lefielo

ավել

kgamelo

դույլ

switch

անջատիչ

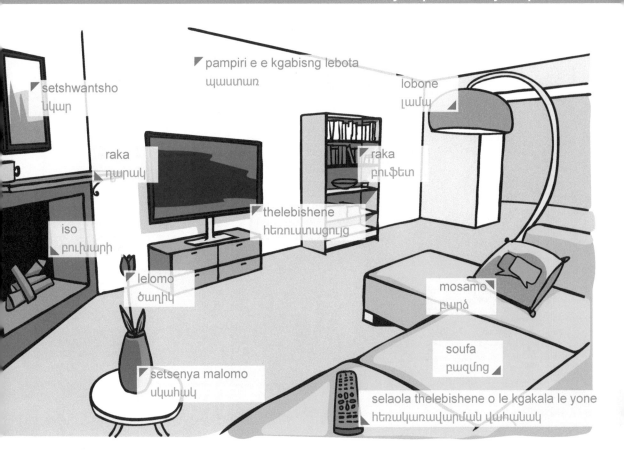

phaposi ya bodulo

հյուրասենյակ

pampiri e e kgabisng lebota
պաստառ
setshwantsho
նկար
lobone
լամպ
raka
դարակ
raka
բուֆետ
thelebishene
հեռուստացույց
iso
բուխարի
lelomo
ծաղիկ
mosamo
բարձ
soufa
բազմոց
setsenya malomo
սկահակ
selaola thelebishene o le kgakala le yone
հեռակառավարման վահանակ

mmetshe

գորգ

garetene

վարագույր

tafole

սեղան

setulo

աթոռ

setulo se se binang

ճոճվող բազկաթոռ

setulo se se naleng boikego

բազկաթոռ

buka

գիրք

kobo

վերմակ

mokgabiso

զարդարանք

dikgong tsa molelo

վառելափայտ

filimi

ֆիլմ

hi-fi ya go letsa

hi-fi

selotlolo

բանալի

lokwalodikgang

թերթ

setshwantsho se se dirilweng ka pente

նկար

pampiri ya go phasalatsa

պլակատ

seyalemowa

ռադիո

buka ya dintla

տետր

huvara

փոշեկուլ

motoroko

կակտուս

kerese

մոմ

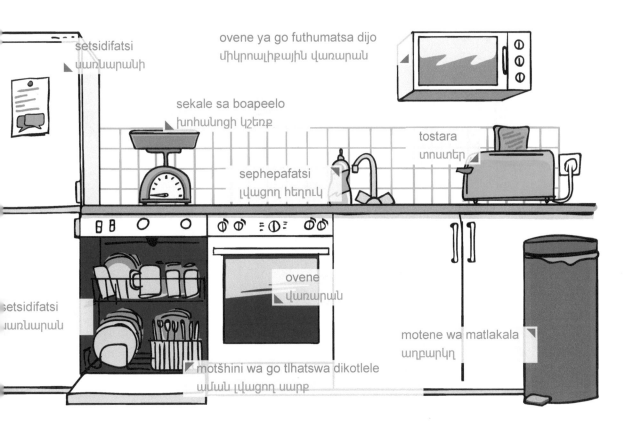

boapeelo
խոհանոց

setsidifatsi
սառնարանի
ovene ya go futhumatsa dijo
միկրոալիքային վառարան
խոհանոցի կշեռք
tostara
տոստեր
sephepafatsi
լվացող հեղուկ
ovene
վառարան
etsidifatsi
առնարան
motene wa matlakala
աղբարկղ
motšhini wa go tlhatswa dikotlele
աման լվացող սարք

moapei
կաթսա

pitsa
կճուճ

pitsa ya tshipi
թուջե աման

wok / kadai
wok / kadai

pane
թավա

ketlele
թեյնիկ

sefuthumatsi

շոգենավ

terei ya go baka

ջեռոցի սկուտեղ

dintsho

ամանեղեն

kopi

բաժակ

sejana

խորը աման

thobane ya go rema

փայտիկներ

thoka

շերեփ

sepatšhula

խոհանոցային բահիկ

wiskara

հարել

setereinara

քամիչ

setlhotlhi

մաղ

greitara

քերիչ

kika

հավանգ

nama ya kgomo

խորոված

molelo o o mopepeneneg

բաց կրակի

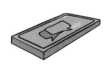

boroto ya go segela

տախտակ

rolara

գրտնակ

sebula dibotlolo tsa beine

խցանահան

moteme

բանկա

sebula moteme

բացիչ

setshwari sa pitsa

խոհանոցային բռնիչ

sinki

լվացարան

boratšhe

խոզանակ

sepontšhe

սպունգ

hakanya dijo / maungo

բլենդեր

setsidifatsi

սառնարան

botlole ya ngwana

մանկական շիշ

tepe

թակել

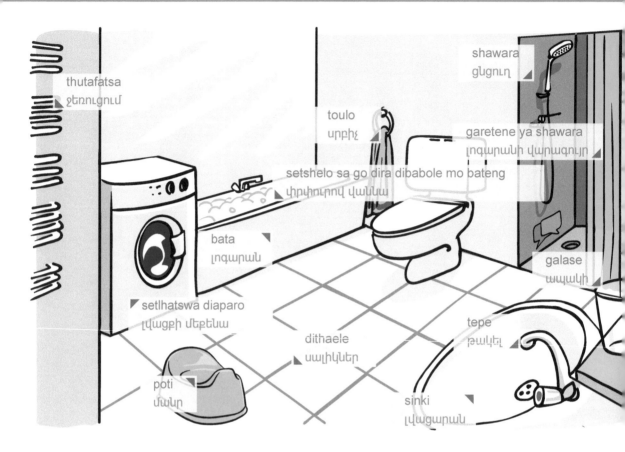

thutafatsa
ջեռուցում
toulo
սրբիչ
shawara
ցնցուղ
garetene ya shawara
լոգարանի վարագույր
setshelo sa go dira dibabole mo bateng
փրփուրով վաննա
bata
լոգարան
galase
ապակի
setlhatswa diaparo
լվացքի մեքենա
tepe
dithaele
սալիկներ
poti
մանր
sinki
լվացարան

ntlwana
զուգարան

ntlwana ya go kotama
կզելը զուգարան

bidete
բիդե

moroto
pissoir

pampiri ya boithomelo
զուգարանի թուղթ

boratšhe jwa ntlwana
զուգարանի խոզանակ

boratšhe jwa meno

ատամի խոզանակ

sesepa sa meno

ատամի քսուք

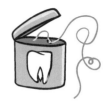

tlhale ya go phepafatsa meno

ատամի թել

tlhatswa

լվանալ

shawara ya go itshwarela

ձեռքի ցնցուղ

senkgisa monate

ցնցուղ

beisini

ավազան

boratšhe jwa mokwatla

մեջքի խոզանակ

sesepa

օճառ

jele ya shawara

լոգանքի գել

setlhapisa moriri

շամպուն

folanele

ճիլոպ

mosele

հատակականցք

setlolo

կրեմ

senkgamonate

դեզոդորանտ

seipone

հայելի

seipone sa go itshwarela

ձեռքի հայելի

legare

սափրիչ

foumu ya go ntsha moriri

Սափրվելու փրփուր

foumu ya fa o fetsa go ntsha moriri

սափրվելուց հետո քսվող լոսյոն

kama

սանր

boratšhe

խոզանակ

seomisa moriri

մազերի չորացուցիչ

seporei sa moriri

մազի լաք

seitlole sa sefatlhego

դիմահարդարում

setlolo sa molomo

շրթնաներկ

pente ya dinala

եղունգների լաք

boboa

բամբակ

sekere sa dinala

եղունգների մկրատ

leokwane le le nkgang monate

օծանելիք

etsana ya go tlhatswa

դիմահարդարման պայուսակ

setulo

աթոռակ

sekale sa go lekanya

կշեռք

eaparo sa botlhapelo

լողանալու խալաթ

ditlelafo tsa rekere

ռետինե ձեռնոցներ

tempone

տամպոն

irisiwa sa basadi ba ba mo kgweding

անիտարական սրբիչ

ntlwana ya khemikhale

քիմիական զուգարան

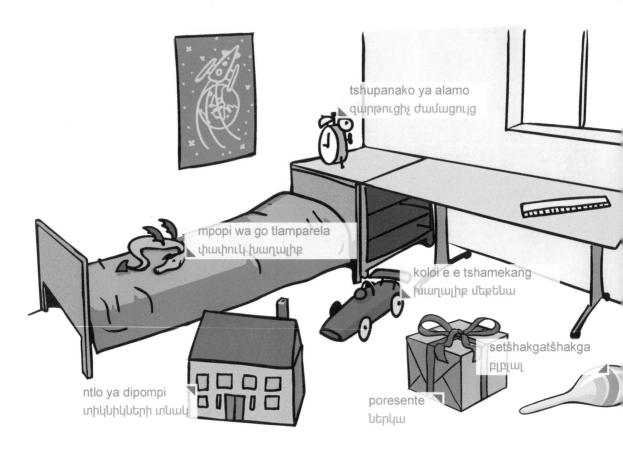

phaposi ya bana
մանկական սենյակ

զարթուցիչ ժամացույց
mpopi wa go tlamparela
փափուկ խաղալիք
koloi e e tshamekang
խաղալիք մեքենա
setšhakgatšhakga
բլբլալ
ntlo ya dipompi
տիկնիկների տնակ
poresente
ներկա

baluni

փուչիկ

bolao

մահճակալ

porema

մանկական սայլակ

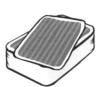

deck of cards

խաղաթղթեր

saga ya motlakase

խճապատկեր

buka ya ditshegisi

կոմիքս

atlapa a go tshameka

Լեգո կուբիկներ

diboloko tse di tshamekang

կառուցողական
խաղալիքներ

setshwantsho sa motho

ակցիան գործիչ

seaparo sa lesea

մանկական բոդի

Frisbee

Frisbee

selo sa go letsa mmino mo
ditsebeng

շարժական

otshameko wa boroto

խաղատախտակ

daese

զառախաղ

terena

գնացքների կազմ

tami

ծծակ

moletlo

կուսակցություն

buka ya ditshwantsho

մանկական
պատկերազարդ գիրք

bolo

գնդակ

mpopi

տիկնիկ

tshameka

խաղալ

lebala le le naleng santa

ավազե խաղահրապարակի

moswinki

ռիթմ

ditshamekisi tsa bana

Խաղալիքներ

motshameko wa dibidio

վիդեո խաղ մխիթարել

baesekele ya maotwana a a mararo

եռանիվ հեծանիվ

bera e e diretsweng go tshamekisa bana

խաղալիք արջուկ

raka ya go baya diaparo

պահարան

seaparo
հագուստ

dikausu

կիսագուլպա

dikausu tsa basadi

գուլպա

dithaetse

զուգագուլպա

sekhafo
շարֆ
sekhukhu
հովանոց
sekipa
շապիկ
lebante
գոտի
dibutshi
կոշիկ
disilipara
հողաթափեր
diteki
սպորտային կոշիկներ

dimphatšhane

սանդալներ

ditlhako

կոշիկ

dibutshi tsa rekere

ռետինե կոշիկներ

orukgwe jwa kwateng

վարտիք

boraa

կրծկալ

besete

մայկա

mmele

մարմին

borukgwe

անդրավարտիք

bokate

ջինս

sekete

կիսաշրջազգեստ

bolaose

բլուզ

hempe

վերնաշապիկ

jeresi e e senang matsogo

պուլովեր

jakete e e enaleng hutshe

սպորտային կուրտկա

boleisara

պիջակ

jakete

կուրտկա

jase

վերարկու

jase ya pula

անձրևանոց

khosetjhumo

կանացի կոստյում

mosese

զգեստ

mosese wa lenyalo

հարսանյաց զգեստ

sutu

ղամարդու կոստյում

seaparo sa bosigo

գիշերանոց

diaparo tsa go robala

պիժամա

sari

Սարի

sekhafa sa tlhogo

գլխաշորն

turban

չալմա

burqa

չադրա

kaftan

արևելյան խալաթ

abaya

հաստ վերարկու

eaparo sa go thuma

անացի լողազգեստ

diteranka

տղամարդու լողազգեստ

borukgwe jo bo khutshwane

շորտ

terekesutu

որտային համազգեստ

seaparo sa go phephafatsa

գոգնոց

ditlelafo

ձեռնոցներ

talama

կոճակ

diborele

ակնոց

sebaga

ապարանջան

sebaga sa mo thamong

վզնոց

palamonwana

մատանի

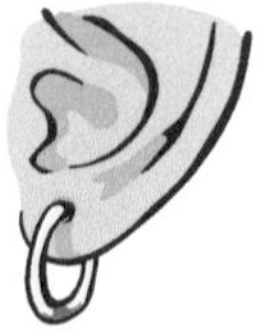

lengena

ականջօղ

kepisi

գլխարկ

sepega baki

կախիչ

hutshe

գլխարկ

tae

փողկապ

zepe

շղթա

hutshe ya sethuthuthu

սաղավարտ

ditrata tsa meno

տաբատակալ

diaparo tsa sekolo

դպրոցական համազգեստ

diaparo tsa mmereko /
diaparo tsa sekolo

համազգեստ

bebe

Մանկական գոգնոց

tami

ծծակ

mongato

մանկական տակդիր

kantoro
գրասենյակ

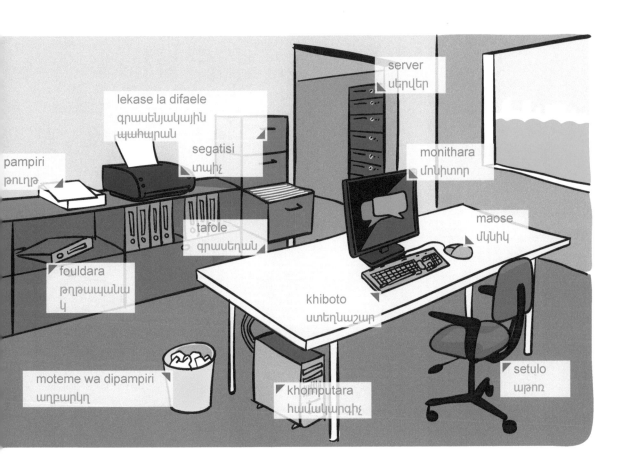

server
սերվեր

lekase la difaele
գրասենյակային
պահարան

segatisi
տպիչ

pampiri
թուղթ

monithara
մոնիտոր

tafole
գրասեղան

maose
մկնիկ

fouldara
թղթապանակ

khiboto
ստեղնաշար

moteme wa dipampiri
աղբարկղ

khomputara
համակարգիչ

setulo
աթոռ

kopi

սուրճի գավաթ

khalkhuleitara

հաշվիչ

inthanete

ինտերնետ

lapothopo

laptop

lekwalo

նամակ

molaetsa

հաղորդագրություն

mogala wa letheka

բջջային հեռախոս

kgolagano ya megala

ցանց

segatisa dipampiri

պատճենահանման սարք

software

ծրագրային ապահովում

mogala

հեռախոս

sokete ya polaka

վարդակ

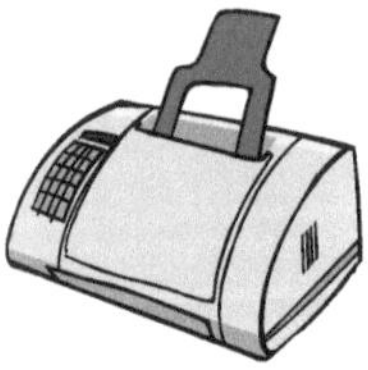

motšhini wa fekese

ֆաքսի մեքենա

foromo

տեսակ

setlankana

փաստաթուղթ

reka

գնել

patela

վճարել

rekisa

առեւտրի

madi / tšhelete

փող

dolara

դոլար

euro

եվրո

yen

իեն

roubele

ռուբլի

swiss franc

շվեյցարական ֆրանկ

renminbi yuan

յուան

rupee

ռուպի

lefelo la madi

բանկոմատ

kantoro ya go fetola madi

փոխանակման կետ

gauta

ոսկի

selefera

արծաթ

oli

նավթ

maatla

էներգիա

tlhwatlhwa

գին

konteraka

պայմանագիր

lekgetho

հարկ

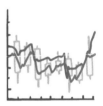

setoko

ակցիաներ

dira

աշխատանք

mothapiwa

ծառայող

mothapi

գործատուն

bodirelo

գործարան

lebenkele

խանութ

maemo

մասնագիտություն

lepodisi
ոստիկան
motimamolelo
հրշեջ
moapei
խոհարար
ngaka
բժիշկ
mokgweetsi wa sefofane
օդաչու

ratshingwana

....

այգեպան

mmetli wa dikgong

....

ատաղձագործ

moroki

....

դերձակուհի

moatlhodi

....

դատավոր

moitse wa melemo

....

քիմիկոս

modiragatsi

....

դերասան

mokgweetsi wa bese

ավտոբուսի վարորդ

mokgweetsi wa tekisi

տաքսու վարորդ

motshwari wa ditlhapi

ձկնորս

Mme yo o phepafatsang

հավաքարար

moruledi

տանիքագործ

weitara

մատուցող

motsumi

որսորդ

motaki

նկարիչ

mmesi wa senkgwe

հացթուխ

ramotlakase

էլեկտրատեխնիկ

moagi

շինարար

moenjenere

ինժեներ

mosegi wa nama

մսագործ

motsenyi wa diphaepe tsa metsi

ջրմուղագործ

motsamaisa poso

փոստարար

leshole

զինվոր

modiri wa dipolane

ճարտարապետ

morekisi

գանձապահ

morekisi wa malomo

ծաղկավաճառ

mokgabisamoriri

վարսավիր

kondactara

տոմսավաճառ

mokheneke

մեխանիկ

mokapeteine

կապիտան

ngaka ya meno

ատամնաբույժ

Rasaense

գիտնական

moruti

ռաբբի

imam

Իմամ

moitlami

կուսակրոն

moruti

հոգևորական

didiriswa
գործիքներ

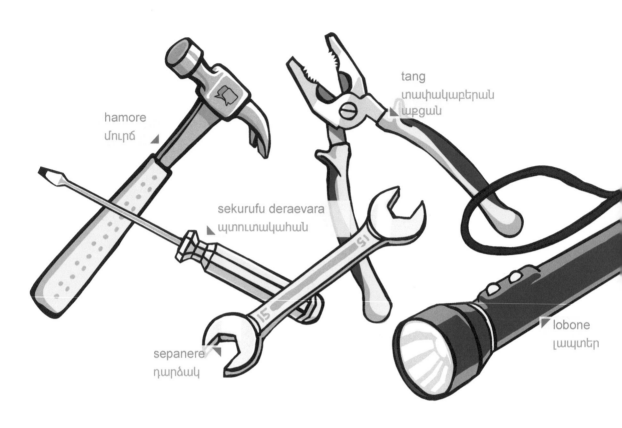

hamore
մուրճ

tang
տափակաբերան
աքցան

sekurufu deraevara
պտուտակահան

sepanere
դարձակ

lobone
լապտեր

moepi
էքսկավատոր

bokoso ya didirisiwa
գործիքների տուփ

lere
սանդուղք

saga
սղոց

dipekere
մեխեր

sebori
գայլիկոն

baakanya

նորոգում

garawe

բահ

ijaa!

գրողը տանի

seolela matlakala

գոգաթիակ

pitsa ya pente

ներկաման

sekurufu

պտուտակներ

didirisiwa tsa mmino

երաժշտական գործիքներ

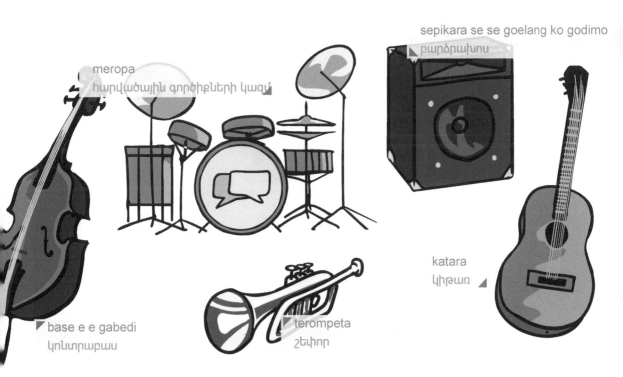

sepikara se se goelang ko godimo
բարձրախոս
meropa
հարվածային գործիքների կազմ
katara
կիթառ
base e e gabedi
կոնտրաբաս
terompeta
շեփոր

piano

դաշնամուր

bayolini

ջութակ

base

բաս

timpane

թմբուկներ

meropa

հարվածային գործիքներ

khiboto

ստեղնաշար

sekesofone

սաքսոֆոն

phala

ֆլեյտա

sebuela godimo

միկրոֆոն

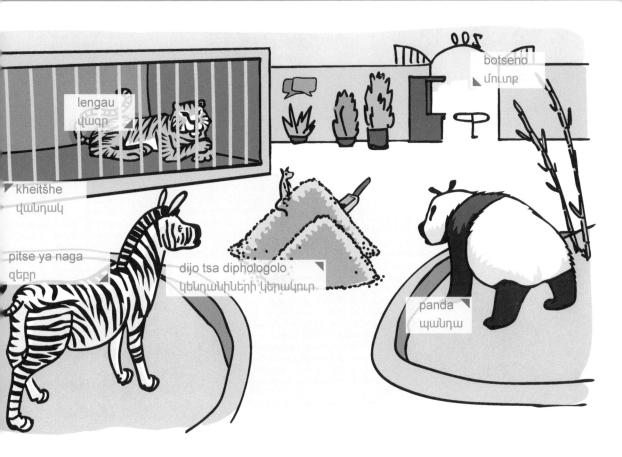

lefelo la go bonela diphologolo

կենդանաբանական այգի

botseno
մուտք
lengau
վագր
kheitšhe
վանդակ
pitse ya naga
զեբր
կենդանիների կերակուր
panda
պանդա

diphologolo
....
կենդանիներ

tlou
....
փիղ

dikhankaruu
....
կենգուրու

tshukudu
....
ռնգեղջյուր

tshweni
....
գորիլա

bera
....
գորշ արջ

kamela

ուղտ

kalakune

ջայլամ

tau

առյուծ

tshwene

կապիկ

flamingo

ֆլամինգո

papalagae

թութակ

bera e e dulang ko lefelong
le le tsididi thata

բևեռային արջ

nonyane tsa lewatle

պինգվին

leruarua

շնաձուկ

phikoko

սիրամարգ

noga

օձ

kwena

կոկորդիլոս

motlhokomedi wa
diphologolo
կենդանաբանական այգու
աշխատող

sili

փոկ

katse

յագուար

60 lefelo la go bonela diphologolo - կենդանաբանական այգի

petsana

պոնի

lengau

ընձառյուծ

tshukudu

գետաձի

thutlwa

ընձուղտ

ntsu

արծիվ

dikolobe tsa naga

վարազ

tlhapi

ձուկ

khudu

կրիա

walrus

ծովացուլ

ntja ya naga

աղվես

tshephe

վիթ

metshameko

սպորտներ

kgwele ya dinao ya Amerika
ամերիկյան ֆուտբոլ
motshameko wa baesekele
հեծանվավազք
tenese
թենիս
baseketebolo
բասկետբոլ
thuma
լող
hockey ya mo aeser
հոկեյ
motshameko wa go lwa ka diatla
բռնցքամարտ

kgwele ya dinao
ֆուտբոլ

badminthone
բադմինտոն

atletiki
աթլետիկա

kgwele ya diatla
ձեռքի գնդակ

skiing
դահուկային սպորտ

polo
պոլո

tshega
ծիծաղել
tlola
ցատկել
tlamparela
գրկել
tsamaya
քայլել
opela
երգել
lora
երազել
rapela
աղոթել
atla
համբուրել

kwala
....
գրել

torowa
....
նկարել

bontsha
....
ցույց տալ

kgorometsa
....
հրել

naya
....
տալ

tsaya
....
վերցնել

go nna

ունենալ

dira

դեպի

nna

լինել

ema

կանգնել

taboga

վազել

goga

քաշել

latlha

նետել

wa

ընկնել

maaka

ստել

ema

սպասել

tsholetsa

կրել

dula

նստել

apara

հագնվել

robala

քնել

tsoga

արթնանալ

leba

նայել

lela

լացել

thuma ka lemorago

շոյել

kama

սանրվել

bua

խոսել

tlhaloganya

հասկանալ

botsa

հարցնել

reetsa

լսել

nwa

խմել

ja

ուտել

phepafatsa

հարդարվել

lorato

սիրել

apaya

խոհարար

kgweetsa

քշել

fofa

թռչել

seila

լողալ

khalkhuleitara

հաշվել

bala

կարդալ

ithute

սովորել

dira

աշխատանք

nyala

ամուսնանալ

roka

կարել

tlhapa meno

ատամները լվանալ

bolaya

սպանել

tsuba

ծուխ

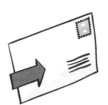

romela

ուղարկել

lelapa
ընտանիք

mmemogolo
տատիկ
rremogolo
պապիկ
rre
հայր
mme
մայր
ngwana
երեխա
morwadi
դուստր
morwa
որդի

moeng

հյուր

mmangwane

հորաքույր

malome

հորեղբայր

abuti

եղբայր

ausi

քույր

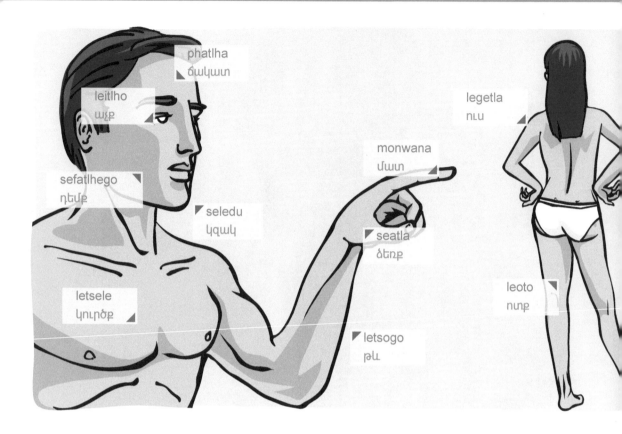

mmele

մարմին

phatlha
ճակատ
leitlho
աչք
legetla
ուս
monwana
մատ
sefatlhego
դեմք
seledu
կզակ
seatla
ձեռք
leoto
ոտք
letsele
կուրծք
letsogo
թև

ngwana

երեխա

monna

մարդ

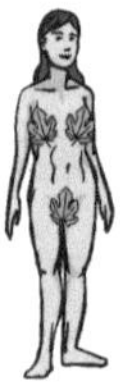

mosadi

կին

mosetsana

աղջիկ

mosimane

տղա

tlhogo

գլուխ

mokwatla

մեջք

mpa

փոր

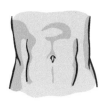

khubu

պորտ

monwana

ոտնամատ

serethe

կրունկ

lerapo

ոսկոր

letheka

ազդր

lengole

ծունկ

sekgono

արմունկ

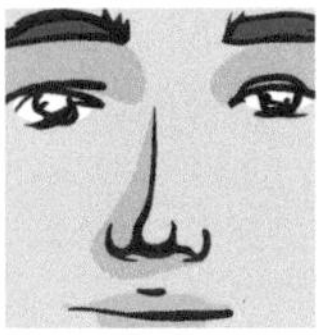

nko

քիթ

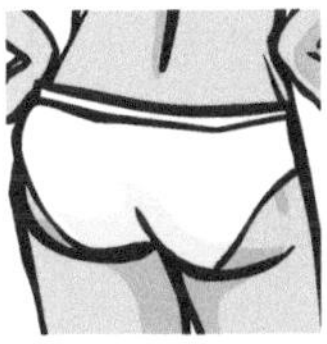

ko tlase

հետույք

letlalo

մաշկ

lerama

այտ

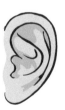

tsebe

ականջ

pounama

շրթունք

molomo

բերան

leino

ատամ

loleme

լեզու

boboko

ուղեղ

pelo

սիրտ

maatla

մկան

lekgwafo

թոք

sebete

լյարդ

mala

ստամոքս

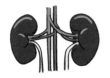

diphio

երիկամներ

bong

սեքս

mosomelwana

պահպանակներ

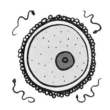

sebelegi sa ngwana

ձվաբջիջը

semen

Սեմյոն

moimana

հղիություն

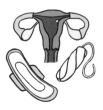

ko tsa go tla ka kgwedi
tsa basadi
....
դաշտան

serwe sa mosadi
....
հեշտոց

serwe sa monna
....
առնանդամ

dintshi
....
հոնք

moriri
....
մազ

thamo
....
պարանոց

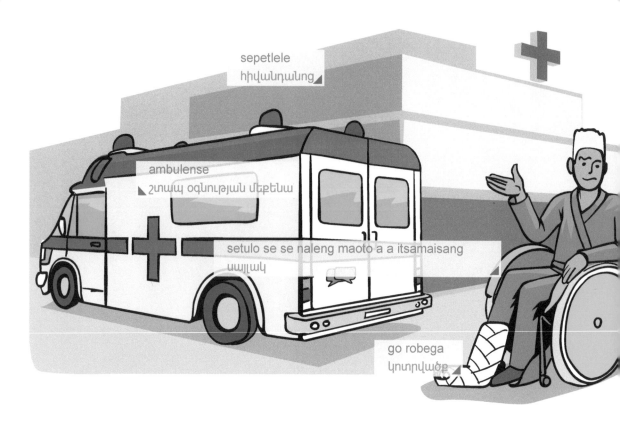

sepetlele
հիվանդանոց

ambulense
շտապ օգնության մեքենա
setulo se se naleng maoto a a itsamaisang
սայլակ
go robega
կոտրվածք

ngaka

բժիշկ

phaphosi ya tshoganyetso

շտապ օգնության սենյակ

mooki

բուժքույր

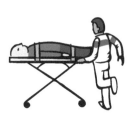

tshoganyetso

շտապ օգնություն

idibala

անգիտակից

setlhabi

ցավ

kgobalo

վնասվածք

go dutla madi

արյունահոսություն

tlhaselo ya pelo

սրտի կաթված

setorouko

կաթված

bolwetsi

ալերգիա

go gotlhola

հազ

fulu

տենդ

fulu

գրիպ

letshololo

փորլուծություն

opiwa ke tlhogo

գլխացավ

kankere

քաղցկեղ

sukiri ya mmele

դիաբետ

moari

վիրաբույժ

sekalepele

վիրադանակ

karo

վիրահատություն

CT

CT

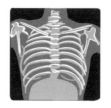

x-ray

ռենտգեն

motšhini wa go leba mo mpeng

ուլտրաձայնային

sesira sefatlhego

դեմքի դիմակ

twatsi

հիվանդություն

phaposi boletelo

սպասասրահ

dithobane

հենակ

polasetara

սպեղանի

sefapho

վիրակապ

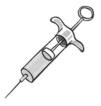

lemao

ներարկում

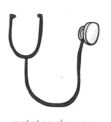

setetosekoupu

լսափողակ

seteretšhara

պատգարակ

themometara ya bongaka

ջերմաչափ

pelegi

ծնունդ

bokima jwa mmele

ավելաքաշ

irisiwa sa go thusa go utlwa

լսելով օգնության

sesireletsa dintho

ախտահանիչ

tshwaetso

վարակ

mogare

վիրուս

HIV / AIDS

ՄԻԱՎ / ՁԻԱՀ

melemo

դեղորայք

mokento

պատվաստում

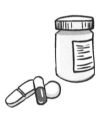

thabolete

հաբեր

pilisi

հաբ

gala wa tshoganyetso

ահազանգ

motšhini wa go ela tlhoko kgatelelo ya madi

արյան ճնշման չափիչ սարք

lwala / itekanetse

հիվանդ / առողջ

tshoganyetso

շտապ օգնություն

Thusa!

Օգնություն!

alamo

տագնապի ազդանշան

tshotlako

հարձակում

tlhasela

հարձակում

kotsi

վտանգ

kgoro ya tshoganyetso

վթարային ելք

Molelo!

Հրդեհ

setima moleleo

կրակմարիչ

kotsi

վթար

khiti ya go thusa ka dikgobalo

առաջին օգնության դեղարկղ

SOS

SOS

lepodisi

ոստիկանություն

Yuropa

Եվրոպա

Bokone jwa Amerika

Յյուսիսային Ամերիկա

Borwa jwa Amerika

Յարավային Ամերիկա

Aforika

Աֆրիկա

Asia

Ասիա

Australia

Ավստրալիա

Atlantic

ղլանտյան օվկիանոս

Pacific

Խաղաղ օվկիանոս

Lewatle la India

Յնդկական օվկիանոս

.ewatle la Antarctic

րավային Սառուցյալ օվկիանոս

Lewatle la Arctic

Յյուսիսային Սառուցյալ օվկիանոս

Bokone

հյուսիսային բևեռ

Borwa

հարավային բևեռ

Antartica

Անտարկտիդա

Lefatshe

երկիր

lefatshe

ցամաք

lewatle

ծով

losi lwa lewatle

կղզի

lotso

ազգ

boemo

պետական

tshupanako

ժամացույց

ntle la tshupanako

թվատախտակ

letsogo la ura

ժամի սլաք

letsogo la metsotso

րոպեի սլաք

sogo la metsotswana

վայրկյանի սլաք

ke nako mang?

Ժամը քանիսն է?

letsatsi

օր

nako

այսպիսով

go ne jaanong

այժմ

tshupanako ya dijithale

թվային ժամացույց

metsotso

րոպե

ura

ժամ

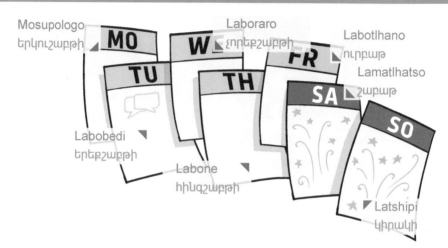

Mosupologo
երկուշաբթի MO

Laboraro
չորեքշաբթի W

Labotlhano
ուրբաթ FR

Lamatlhatso
շաբաթ SA

TU TH

Labobedi
երեքշաբթի

Labone
հինգշաբթի

SO

Latshipi
կիրակի

maabane

այսօր

gompieno

այսօր

kamoso

վաղը

moso

առավոտ

thapama

կեսօր

maitseboa

երեկո

MO	TU	WE	TH	FR	SA	SU
1	2	3	4	5	6	7
8	9	10	11	12	13	14
15	16	17	18	19	20	21
22	23	24	25	26	27	28
29	30	31	1	2	3	4

malatsi a tiro

աշխատանքային օրեր

MO	TU	WE	TH	FR	SA	SU
1	2	3	4	5	6	7
8	9	10	11	12	13	14
15	16	17	18	19	20	21
22	23	24	25	26	27	28
29	30	31	1	2	3	4

mafelo a beke

շաբաթվա վերջ

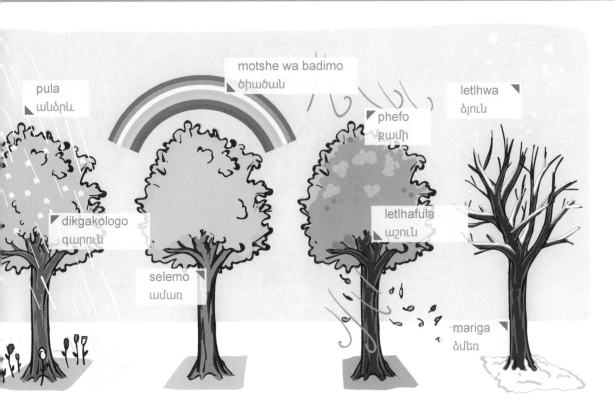

ngwaga
տարի

pula
անձրև
motshe wa badimo
ծիածան
letlhwa
ձյուն
phefo
քամի
dikgakologo
գարուն
letlhafula
աշուն
selemo
ամառ
mariga
ձմեռ

botsogo jwa loapi
....
անակի տեսություն

themomithara
....
ջերմաչափ

letsatsi
....
արեւի լույս

leru
....
ամպ

mouwane
....
մառախուղ

humidity
....
խոնավություն

legadima

կայծակ

modumo wa maru

որոտ

matsubutsubu

փոթորիկ

sefako

կարկուտ

monsoon

մուսոն

morwalela

ջրհեղեղ

aese

սառույց

Ferikgong

հունվար

Tlhakole

փետրվար

Mopitlwe

մարտ

Moranang

ապրիլ

Motsheganong

մայիս

Seetebosigo

հունիս

Phukwi

հուլիս

Phatwe

օգոստոս

Lwetse

սեպտեմբեր

Diphalane

հոկտեմբեր

Ngwanaatsele

նոյեմբեր

Sedimonthole

դեկտեմբեր

dipopego

ձևավորում

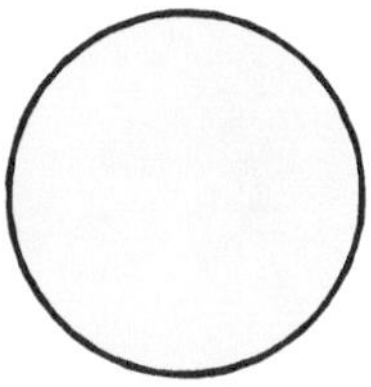

kgolokwe

շրջան

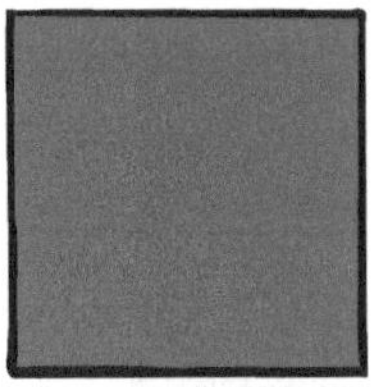

khutlonne

քառակուսի

khutlonnetsepa

ուղղանկյունի

khutlotharo

եռանկյունի

khutlo

ասպարեզ

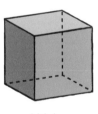

khiubu

խորանարդ

mebala

գույներ

tshweu

վարդագույն

serolwana

մոխրագույն

mmala wa namune

դեղին

pinki

մանուշակագույն

khibidu

կարմիր

bohibidu jo bo mokgona

շագանակագույն

pududu

կապույտ

tala

սև

tshetlha

նարնջագույն

tshetlha

սպիտակ

ntsho

կանաչ

le gontsi / go nnye

շատ / քիչ

go kwata / go ritibala

բարկացած / հանգիստ

montle / maswe

գեղեցիկ / տգեղ

shimologo / bofelo

սկսած / վերջը

tonna / nnyane

մեծ / փոքր

lesedi / lefifi

պայծառ / մութ

abuti / ausi

եղբայրը / քույրը

phepa / leswe

մաքուր / կեղտոտ

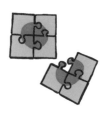

feletse / go sa felela

ամբողջական / թերի

otshegare / bosigo

օր / գիշեր

o sule / o a tshela

մեռած / կենդանի

bophara / tshesane

լայն / նեղ

ya jega / ga e jege

ուտելի / անուտելի

bosula / molemo

չար / բարի

go itumela thata / go se itumele

հուզված / ձանձրացրել

nonne / tshesane

հաստ / բարակ

ntlha / bofelo

առաջին / վերջին

tsala / sera

ընկերը / թշնամին

tletse / lolea

լիքը / դատարկ

thata / bonolo

կոշտ / փափուկ

bokete / motlhofo

ծանր / թեթև

tlala / lenyora

քաղց / ծարավ

lwala / itekanetse

հիվանդ / առողջ

dumelesega / dumeletswe

անօրինական է / իրավաբանական

botlhale / sematla

խելացի / հիմարություն

molema / moja

ձախ / աջ

gaufi / kgakala

մոտիկ / հեռու

sesha / ya kgale

ղր / օգտագործվում

sepe / sengwe

ոչինչ / ինչ - որ բան

mogolo / mosha

ծեր / երիտասարդ

tsenya / tima

իացում անջատում

bula / tswetswe

բաց / փակ

tidimalo / modumo

ցածր / բարձր

khumo / lehuma

ադրուստ / աղքատ

siame / phoso

ճիշտ / սխալ

ditlhotlhori / borethe

անհարթ / հարթ

utsafetse / itumetse

տխուր / ուրախ

khutshwane / telele

կարճ / երկար

bonya / bonako

դանդաղ / արագ

metsi / omile

թաց / չոր

mololo / tsididi

տաք / թույն

ntwa / kagiso

պատերազմ / խաղաղությունը

dipalo

թվեր

0

lefela

զրո

1

nngwe

մեկ

2

pedi

երկու

3

tharo

երեք

4

nne

չորս

5

tlhano

հինգ

6

thataro

վեց

7

supa

յոթ

8

robedi

ութ

9

robonngwe

ինը

10

lesome

տաս

11

some nngwe

տասնմեկ

12

some pedi

տասներկու

13

some tharo

տասներեք

14

some nne

տասնչորս

15

some tlhano

տասնհինգ

16

some thataro

տասնվեց

17

some supa

տասնյոթ

18

some robedi

տասնութ

19

some robonngwe

տասնինը

20

masomamabedi

քսան

100

lekgolo

հարյուր

1.000

sekete

հազար

1.000.000

milione

միլիոն

dipuo
լեզուներ

Sejatlhapi

անգլերեն

Sejatlhapi sa Amerika

ամերիկյան անգլերեն

se-China

չինարեն մանդարին

se-Hindi

հինդի

se-Spanish

իսպաներեն

se-For a

ֆրանսերեն

se-Araba

արաբերեն

se-Russia

ռուսերեն

se-Potokisi

պորտուգալերեն

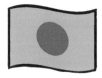

se-Bengali

բենգալերեն

se-Jeremane

գերմաներեն

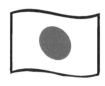

se-Japane

ճապոներեն

mang / eng / jang

Ով է /, թե ինչ է /, ինչպես

Nna

ես

wena

դուք

ene / ene / sone

Նա / նա /, որ դա

re

մենք

wena

դուք

bone

նրանք

mang?

Ով է?

eng?

ինչ?

jang?

ինչպես?

kae?

որտեղ.

leng?

երբ?

leina

անուն

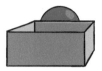

kae

որտեղ

mo morago

ետևում

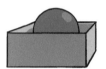

mo

մեջ

fa pele ga

դիմաց

godimo

վրա

mo

վրա

fa tlase

տակ

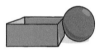

mo thoko

կողքին

magareng

միջեւ

lefelo

տեղ